ANNEROSE SIECK

Die fabelhafte

WELT

DES

DAS ETWAS ANDERE
GOURMET-KOCHBUCH

© 2014 Fackelträger Verlag GmbH, Köln
Emil-Hoffmann-Straße 1
D-50996 Köln
Alle Rechte vorbehalten

Produktion und Gestaltung: TLC Fotostudio, Unternehmensgruppe Gutenberghaus
Gesamtherstellung VEMAG Verlags- und Medien AG, Köln

ISBN 978-3-7716-4558-8

www.fackeltraeger-verlag.de

ANNEROSE SIECK

Die fabelhafte

WELT

DES

POPCORNS

DAS ETWAS ANDERE
GOURMET-KOCHBUCH

Edition
Fackelträger

INHALT

HMMM, WIE DAS DUFTET ...

Die kulinarische Welt des Popcorns wartet auf Sie – und das ganz ohne Kino! Sie brauchen nur einen Herd, Topf oder eine Pfanne, etwas Öl und eine Handvoll Puffmais. Und schon kann das Topfknallen losgehen. Für Abwechslung sorgen die folgenden Rezepte.

Ob salzig, süß, pikant oder scharf: Eingefleischten Popcorn-Fans ist das (fast) egal. Hauptsache, es pufft so richtig im Topf. Wenn anschließend die weißen Flocken die verschiedenen Schüsseln füllen, sind der Fantasie keine Grenzen mehr gesetzt. Übrigens: Männer sollen die süßen Varianten bevorzugen, Frauen dagegen lieben das feine Naschwerk eher herzhaft und scharf …

Popcorn - ein Snack mit LANGER GESCHICHTE

Auch wenn man es vielleicht vermuten könnte … Popcorn wurde nicht eigens dafür erfunden, um im Kino geknabbert zu werden. Auch ohne laufende Bilder ließen es sich die Menschen schon vor 5000 Jahren schmecken, wie archäologische Ausgrabungen bezeugen. Selbst in 1000 Jahre alten Gräbern in Peru entdeckten Wissenschaftler Puffmaiskörner. Man hatte sie den Verstorbenen als Wegzehrung mit in den Sarg gelegt. Diese Körner sollen übrigens so gut konserviert gewesen sein, dass sie beim Erhitzen noch aufpoppten. Ob sie noch geschmeckt haben … wir wissen es nicht.

Wenn eine Schale mit aufgepufften Maiskörnern bereitstand, griff man aber nicht nur begeistert zu. Wollten die Ureinwohner Mittelamerikas wissen, ob gute oder schlechte Zeiten vor der Tür standen, lasen sie auch die Zukunft daraus: Je nachdem, in welche Richtung das fertige Popcorn flog, stand ein Vorhaben unter einem guten oder schlechten Stern. Die Aztekinnen dagegen kümmerte das das herzlich wenig, denn sie hatten mit dem hübsch geformten Popcorn ganz anderes im Sinn. Sie fädelten es auf, um es als Kette oder Halsband zu tragen. Der Entdecker Christoph Kolumbus selbst soll begeistert Popcorn geknabbert haben, als man ihm diesen Snack in der Neuen Welt servierte. Und es bewog ihn dazu, säckeweise Körner mit in die Heimat zu nehmen.

Doch erst Jahrhunderte später versetzten die in Vergessenheit geratenen Maiskörner die US-Amerikaner in ein wahres Popcorn-Fieber. Anfang des 19. Jahrhunderts sollen bereits die ersten Popcorn-Pferdewagen auf Jahrmärkten unterwegs gewesen sein, um die Knabberei an Groß und Klein zu verkaufen. Woher die Maiskörner plötzlich kamen, wissen wir nicht genau. Der Legende nach soll sie ein Indianerhäuptling mitgebracht haben.

Bald wurden die Pferdewagen von mobilen Popcornautomaten abgelöst, die fliegende Händler vor den Nickelodeons aufstellten und für ein paar Cents an den Mann brachten. Richtig süß, versteht sich, denn das liebten die Leute. Der Zweite Weltkrieg ließ das Geschäft mit der süßen Leckerei einbrechen, um nach 1945 seinen wahren Siegeszug zu erleben. Kaum ein Lichtspielhaus, in dem nicht eine Popcornmaschine stand, um ununterbrochen aus Puffmais Popcorn herzustellen, zum Teil schon damals in unterschiedlichen Geschmacksrichtungen. Heute gehört zum richtig entspannten Kinogenuss eine Tüte Popcorn dazu. Oder mehr. Sonst schmeckt der Film nicht. Da bleiben Eiskonfekt und Co. doch glatt auf der Strecke …

Ein Snack,
DER ES IN SICH HAT ...

Nicht nur für Cineasten ein Muss! Popcorn, nach Herzenslust verfeinert und aromatisiert, schmeckt immer. Vor dem Fernseher genauso gut wie am Schreibtisch oder unterwegs, den Kleinen und den Großen. Wer diesem Knabberspaß einmal verfallen ist, kommt nicht mehr davon los. Vorsicht: Suchtgefahr.

Doch wer jetzt meint, er könnte sich einfach ein paar Kolben vom Acker holen und die Kerne in den Topf werfen, der wird wohl lange auf seinen Genuss warten müssen. Denn nicht jeder Mais eignet sich zum Knallen und Puffen. Popcorntauglicher Mais muss eine gewisse Menge Wasser enthalten, um ausflocken zu können. Das kann nur – wie der Name schon sagt – Puff- oder Knallmais *(Zea mays convar. microsperma Koern.)*, eine Hartmaissorte, die in der Regel kleinere Kolben ausbildet. Werden diese Körner erhitzt, übt das Wasser auf die äußere Schale einen derart starken Druck aus, dass diese aufplatzt. Die im Inneren befindliche Stärke dehnt sich aus, kühlt sofort wieder ab und erstarrt. Häufig klebt noch ein kleiner Rest der goldgelben Schale daran – fertig ist das Popcorn.

Wird der Puffmais falsch gelagert, besteht die Gefahr des Austrocknens. Ausgetrocknete Körner „explodieren" nicht mehr. Legen Sie die Körner mit Wasser für einige Tage in ein verschlossenes Gefäß und schütteln Sie das Ganze ab und zu durch. Die Feuchtigkeit wird aufgesogen und der Mais ist wieder zum Poppen bereit.

Eigentlich ist Popcorn gesund: Der gepuffte Mais liefert wertvolle Ballaststoffe, die das Verdauungssystem auf Trab halten, ist glutenfrei – also auch für diejenigen geeignet, die auf Klebereiweiß allergisch reagieren – und liefert nur wenige Kalorien (zumindest im Vergleich zu anderen Snacks). Letzteres aber nur, wenn es pur gegessen wird. Kommen Zucker, Schokolade, Karamell, Honig oder anderes hinzu, eignet sich der Verzehr nicht gerade, wenn man zu den Kalorienzählern gehört.

Das gesunde Korn wartet noch mit anderen positiven Inhaltsstoffen auf: B-Vitamin 1 und 2, Eisen und Kalium stecken darin. Eine Portion von 100 g liefert pur 382 kcal, 78 g Kohlenhydrate, 4 g Fett und 12 g Protein. Da Popcorn im Vergleich zu anderen Snacks schnell satt macht, schafft man kaum mehr als 50 g. Ausnahmen bestätigen auch hier wieder einmal die Regel. Einige können eben nicht genug davon kriegen.

Wissenschaftler haben übrigens herausgefunden, dass Popcorn weitaus mehr Antioxidanzien liefert als frisches Obst. Jetzt haben all diejenigen, die Bananen, Äpfel und Co. nicht so gern mögen, das richtige Argument bei der Hand!

★ ★

Popcorn-Equipment
FÜR ZU HAUSE

Wer zu Hause Popcorn zubereiten möchte, braucht zunächst Puffmais. Den gibt es mittlerweile in jedem Supermarkt. Die mutmaßlichen „Erfinder" des Popcorns haben den Mais wahrscheinlich einfach in einen Topf über dem offenen Feuer geworfen und mussten das Popcorn hinterher einsammeln, weil es durch die Luft geflogen war. Wer sich das ersparen will, sollte gleich das richtige Zubehör verwenden.

POPCORNMASCHINEN

Popcornmaschinen lohnen sich nur, wenn Sie den Snack wirklich sehr oft zubereiten möchten. Im Handel erhältlich sind unterschiedliche Typen, die sich in Größe und Aussehen unterscheiden. Der wichtigste Unterschied jedoch besteht in der Heiztechnik. Die Maiskörner müssen auf rund 200 °C erhitzt werden, damit sie platzen können. Einige Maschinen besitzen eine Heizplatte, bei anderen wird der Mais wie in einem Backofen durch Heißluft erhitzt. Bei Letzteren ist die Zugabe von Fett nicht erforderlich. Popcorn aus Heißluftmaschinen ist daher etwas kalorienärmer und eignet sich vor allem für Menschen, die auf ihr Gewicht achten möchten oder müssen. Zusätze wie Zucker oder Salz werden im Nachhinein zugegeben. Bei Popcornmaschinen mit Heizplatte muss Fett zugegeben werden, damit die Körner nicht anbrennen. Ob diese oder jene Variante: Das fertige Popcorn landet in einem Behälter und fliegt nicht durch die Küche!

POPCORNTÖPFE

Für den Hausgebrauch gibt es im Handel spezielle Popcorntöpfe mit Deckel. Diese sind mit einer Handkurbel versehen. Durch das Drehen der Kurbel werden die Maiskörner ständig bewegt. So können alle zerplatzen und die ständige Bewegung verhindert, dass etwas anbrennt. Auch Zusätze wie Zucker oder Salz lassen sich auf diese Weise gleichmäßig verteilen.

TÖPFE UND PFANNEN

Ganz normale Töpfe und Pfannen tun es aber auch. Wichtig ist, dass die Deckel richtig gut schließen, sonst könnten die Flocken durch die Küche fliegen. Möchten Sie bei der Herstellung des Popcorns auf Öl oder Butter verzichten, greifen Sie am besten zu beschichteten Töpfen oder Pfannen.

Manchmal brennt aber trotzdem das eine oder andere Maiskorn an, zum Beispiel weil man abgelenkt wird und der Topf zu lange auf dem Herd steht. Verwenden Sie deshalb für die Zubereitung des Snacks möglichst ein und denselben Topf.

UND SO GEHT'S

1. Öl (am besten Sonnenblumenöl) und Mais in die Pfanne geben, gerade so, dass der Boden bedeckt ist und den Deckel daraufsetzen. Nun den Topf stark erhitzen und ungefähr die Hälfte aufpoppen lassen.

2. Jetzt den Topf vom Herd nehmen, damit nichts anbrennt und warten, bis die letzten Maiskörner aufgepoppt sind.

3. Anschließend das Popcorn nach Geschmack würzen oder verfeinern. Es sollte noch warm sein, da die Zutaten besser haften, während der Wasserdampf noch verdampft.

MIKROWELLE

Entweder legen Sie die Maiskörner in eine große Papiertüte und erhitzen diese bei mäßiger Hitze ca. 4–5 Minuten oder Sie benutzen eine mikrofeste Schüssel mit Deckel.

Im Handel oder übers Internet erhältlich sind auch Tüten für die Mikrowelle, in denen neben den Maiskörnern schon die Würze steckt.

Popcorn nach Lust und
LAUNE VERFEINERN

Über Geschmack lässt sich bekanntlich streiten. Deshalb finden Sie in diesem Buch Rezepte, die jeden Gaumen glücklich machen. Wie auch immer Sie sich entscheiden: Schlemmen Sie sich durch die Welt des Popcorns.

HERZHAFT UND PIKANT

Wer es pikant bevorzugt, kann zum schlichten Salz greifen oder mit Gewürzmischungen wie Texmex, Cajun, Garam Masala oder Barbecue experimentieren. Chili, Curry, Pfeffer sorgen ebenfalls für die nötige Schärfe. Sie können das Popcorn mit den Gewürzen bestreuen oder diese zuvor in etwas Butter oder Öl erhitzen. Käse wie Parmesan, geriebener Cheddar oder eine andere Käsesorte machen daraus den idealen Snack zu einem Glas Wein oder Bier. Auch klein gehackte Chilischoten oder Knoblauch können den Gaumen verführen. Oder wie wäre es mit einer scharfen Currypaste?

HAUPTSACHE, SÜSS

Wer es süß mag, kann warmes Popcorn mit Zucker oder Puderzucker verfeinern. Das ist die einfachste Methode. Honig, Ahornsirup, Karamell, Schokolade, Krokant – der Fantasie sind keine Grenzen gesetzt, wenn es darum geht, die weißen Flocken noch süßer zu machen. In den USA liebt man Popcorn, das nach der Zubereitung in Butter geschwenkt wird. Dann kann man es gut mit Gewürzen verfeinern, die kurz mit in der Butter erhitzt werden. Bei den süßlichen Gewürzen hat man die Qual der Wahl: Sehr beliebt sind „weihnachtliche" Gewürze wie Zimt, Vanille, Anis, Kardamom oder Lebkuchengewürz. Oder warum nicht einmal eine selbst kreierte Mischung? Oder klassischen Zimtzucker?

DUFTENDE KRÄUTER

Die Welt der Kräuter liegt Ihnen zu Füßen. Frische, fein gehackte Kräuter, in etwas Öl oder Butter erhitzt, geben Popcorn eine ganz spezielle Note. Einfache Küchenkräuter wie Dill, Petersilie, Koriander, Basilikum, Rosmarin, Thymian, Pfefferminze, Oregano oder ausgefallene Wildkräuter wie Bärlauch, Wiesenkerbel, Löwenzahn oder Wiesensalbei lassen Popcorn zu einem Gourmet-Event werden. Auch gehackter Rucola oder junge Spinatblätter verleihen dem Snack nicht nur eine edle, vor allem auch eine gesunde Note. Eigentlich gibt es kein Kraut, das nicht geht. Es kommt auf die persönlichen Geschmacksvorlieben an!

SWEET & CRISPY

★ ★

Butterkaramell
POPCORN

ZUTATEN

2–3 EL Speiseöl
50 g Mais

20 g Butter
60 g Zucker
150 g Sahne

ZUBEREITUNG

Das Öl in einem Topf oder einer tiefen Pfanne auf mittlerer Temperatur erhitzen. Die Maiskörner zugeben und auf dem Topfboden verteilen. Den Deckel fest auf den Topf legen. Warten, bis die ersten Körner aufplatzen. Den Topf regelmäßig schütteln. Nach ca. 2 Minuten den Topf von der Herdplatte nehmen und warten, bis die letzten Körner geplatzt sind.

Butter in einer Pfanne bei mittlerer Hitze zerlassen. Zucker zugeben und unter Rühren karamellisieren lassen. Sahne zugeben und unter Rühren einköcheln, bis das Ganze eine dickliche Konsistenz hat.

Das Popcorn in kleinen Bechern (z. B. Eisbechern) anrichten und mit der Karamellsauce beträufelt servieren.

NACH BELIEBEN DIE KARAMELLSAUCE ZUSÄTZLICH MIT VANILLEZUCKER AROMATISIEREN.

20

POPCORN
mit Ahornsirup

FÜR 4 PORTIONEN

ZUTATEN

2–3 EL Speiseöl
50 g Mais

1 EL Ahornsirup
  (oder flüssiger Honig)
1 TL Zucker

. . . .

ZUBEREITUNG

Das Öl in einem Topf oder einer tiefen Pfanne auf mittlerer Temperatur erhitzen. Die Maiskörner zugeben und auf dem Topfboden verteilen. Den Deckel fest auf den Topf legen. Warten, bis die ersten Körner aufplatzen. Den Topf regelmäßig schütteln. Nach ca. 2 Minuten den Topf von der Herdplatte nehmen und warten, bis die letzten Körner geplatzt sind.

Ahornsirup und Zucker in eine Pfanne geben und unter Rühren erwärmen. Ist der Zucker vollständig aufgelöst, das Popcorn hinzugeben und darin schwenken.

Popcorn in Portionsschälchen füllen und servieren.

Krokant POPCORN

FÜR 12 STÜCK
ZUTATEN

2–3 EL Speiseöl

50 g Mais

100 g Zucker

50 g gehackte Hasel-
    oder Walnüsse

ZUBEREITUNG

Das Öl in einem Topf oder einer tiefen Pfanne auf mittlerer Temperatur erhitzen. Die Maiskörner zugeben und auf dem Topfboden verteilen. Den Deckel fest auf den Topf legen. Warten, bis die ersten Körner aufplatzen. Den Topf regelmäßig schütteln. Nach ca. 2 Minuten den Topf von der Herdplatte nehmen und warten, bis die letzten Körner geplatzt sind.

Den Zucker in eine Pfanne geben und bei mittlerer Temperatur schmelzen und karamellisieren lassen. Wenn der Karamell hellgold ist, die Herdplatte ausschalten und die Nüsse unterrühren. Die Krokantmasse mit einer leicht eingeölten Palette auf einem mit Backpapier belegten Backblech verstreichen.

Nach dem Erkalten in Stücke brechen und mit dem Popcorn mischen. In Portionsschalen anrichten.

DER KROKANT SCHMECKT AUCH SEHR GUT MIT GEHACKTEN ODER GEHOBELTEN MANDELN.

LEBKUCHEN-
POPCORN

FÜR 4 PORTIONEN
ZUTATEN
2–3 EL Speiseöl
50 g Mais

1 TL Butter
1–2 EL Zucker
Lebkuchengewürz nach
Geschmack

ZUBEREITUNG

Das Öl in einem Topf oder einer tiefen Pfanne auf mittlerer Temperatur erhitzen. Die Maiskörner zugeben und auf dem Topfboden verteilen. Den Deckel fest auf den Topf legen. Warten, bis die ersten Körner aufplatzen. Den Topf regelmäßig schütteln. Nach ca. 2 Minuten den Topf von der Herdplatte nehmen und warten, bis die letzten Körner geplatzt sind.

Butter und Zucker in eine Pfanne geben und den Zucker unter Rühren schmelzen. Lebkuchengewürz nach Geschmack unterrühren. Popcorn in die Pfanne geben und Gewürz schwenken.

Popcorn in Portionsschälchen füllen und servieren.

BUTTER POPCORN
MIT ANIS

FÜR 4 PORTIONEN
ZUTATEN
2–3 EL Speiseöl
50 g Mais

1 TL Butter
1–2 EL Zucker
gemahlenes Anispulver
    nach Geschmack

ZUM GARNIEREN
Sternanis nach Belieben

. . . .

ZUBEREITUNG
Das Öl in einem Topf oder einer tiefen Pfanne
auf mittlerer Temperatur erhitzen. Die Maiskörner
zugeben und auf dem Topfboden verteilen. Den
Deckel fest auf den Topf legen. Warten, bis die
ersten Körner aufplatzen. Den Topf regelmäßig
schütteln. Nach ca. 2 Minuten den Topf von der
Herdplatte nehmen und warten, bis die letzten
Körner geplatzt sind.

Butter und Zucker in eine Pfanne geben und den
Zucker unter Rühren schmelzen. Anispulver nach
Geschmack unterrühren. Popcorn in die Pfanne
geben und in der Anis-Butter schwenken.

Popcorn in Portionsschälchen füllen und servieren.
Nach Belieben mit Sternanis garnieren.

INDISCHE
KARDAMOM-POPS

FÜR 4 PORTIONEN

ZUTATEN

2–3 EL Speiseöl
50 g Mais

4 EL Honig
½ TL gemahlener Kardamom
  (oder Ingwer)

ZUBEREITUNG

Das Öl in einem Topf oder einer tiefen Pfanne auf mittlerer Temperatur erhitzen. Die Maiskörner zugeben und auf dem Topfboden verteilen. Den Deckel fest auf den Topf legen. Warten, bis die ersten Körner aufplatzen. Den Topf regelmäßig schütteln. Nach ca. 2 Minuten den Topf von der Herdplatte nehmen und warten, bis die letzten Körner geplatzt sind.

Honig in eine Pfanne geben und bei schwacher Hitze erwärmen. Kardamom einrühren und kurz mit erwärmen. Popcorn in die Pfanne geben und im Kardamom-Honig schwenken.

Popcorn in Portionsschälchen füllen und servieren.

ROSENSIRUP
Popcorn

FÜR 4 PORTIONEN

ZUTATEN

2–3 EL Speiseöl
50 g Mais

1 EL Zucker
1 TL Rosenwasser

ZUBEREITUNG

Das Öl in einem Topf oder einer tiefen Pfanne auf mittlerer Temperatur erhitzen. Die Maiskörner zugeben und auf dem Topfboden verteilen. Den Deckel fest auf den Topf legen. Warten, bis die ersten Körner aufplatzen. Den Topf regelmäßig schütteln. Nach ca. 2 Minuten den Topf von der Herdplatte nehmen und warten, bis die letzten Körner geplatzt sind.

Den Zucker in eine Pfanne geben und unter Rühren erwärmen. Rosenwasser zugeben. Popcorn in die Pfanne geben und im Rosensirup schwenken.

Popcorn in Portionsschälchen füllen und servieren. Nach Belieben mit Rosenblütenblättern garnieren.

MINZ
BUTTER
POPCORN

ZUTATEN

2–3 EL Speiseöl
50 g Mais

1 TL Butter
1–2 EL Zucker
1 TL Pfefferminz-
   extrakt

ZUBEREITUNG

Das Öl in einem Topf oder einer tiefen Pfanne auf mittlerer Temperatur erhitzen. Die Maiskörner zugeben und auf dem Topfboden verteilen. Den Deckel fest auf den Topf legen. Warten, bis die ersten Körner aufplatzen. Den Topf regelmäßig schütteln. Nach ca. 2 Minuten den Topf von der Herdplatte nehmen und warten, bis die letzten Körner geplatzt sind.

Butter und Zucker in eine Pfanne geben und den Zucker unter Rühren schmelzen. Das Minzeextrakt einrühren. Popcorn in die Pfanne geben und in der Minz-Butter schwenken.

Popcorn in Portionsschälchen füllen und servieren. Nach Belieben mit frischen Minzeblättern garnieren.

Knusprige CHOCO-POPS

ZUTATEN

2–3 EL Speiseöl
50 g Mais

100 g Vollmilch- oder
    dunkle Schokolade
1 TL Butter
1 TL Zucker

ZUBEREITUNG

Das Öl in einem Topf oder einer tiefen Pfanne auf mittlerer Temperatur erhitzen. Die Maiskörner zugeben und auf dem Topfboden verteilen. Den Deckel fest auf den Topf legen. Warten, bis die ersten Körner aufplatzen. Den Topf regelmäßig schütteln. Nach ca. 2 Minuten den Topf von der Herdplatte nehmen und warten, bis die letzten Körner geplatzt sind.

Den Backofen auf Ober-/Unterhitze 150 °C vorheizen. Ein Backblech mit Backpapier belegen.

Die Schokolade in Stücke brechen und mit dem Zucker und der Butter im heißen Wasserbad schmelzen. Popcorn in die Schüssel geben und mit der flüssigen Schokolade vermengen.

Die Schoko-Pop-Masse auf das Backblech streichen und in ca. 10 Minuten im Ofen trocknen lassen. Auseinanderbrechen, in Portionsschalen füllen und servieren.

POPCORN

RIEGEL

HONIG
Karamell-Stangen

FÜR 4 PORTIONEN
ZUTATEN
2 EL Speiseöl
40 g Mais

3 EL Honig
15 EL Zucker

. . . .

ZUBEREITUNG
Ein Backblech oder 1 großes Tablett mit Back-
oder Pergamentpapier belegen.

Das Öl in einem Topf oder einer tiefen Pfanne
auf mittlerer Temperatur erhitzen. Die Maiskörner
zugeben und auf dem Topfboden verteilen. Den
Deckel fest auf den Topf legen. Warten, bis die
ersten Körner aufplatzen. Den Topf regelmäßig
schütteln. Nach ca. 2 Minuten den Topf von der
Herdplatte nehmen und warten, bis die letzten
Körner geplatzt sind.

Für den Karamell den Honig in eine hohe Pfanne
geben. Zucker zugeben. Auf mittlerer Hitze unter Rühren erwärmen, bis die Masse flüssig und
schaumig wird und sich der Kristallzucker aufgelöst hat.

Karamellstreifen auf das Backpapier geben, jeweils mit Popcorn belegen und wieder mit Karamell beträufeln. So fortfahren, bis der Karamell
aufgebraucht ist. Trocknen lassen.

KALTER
POPCORN
HUND

FÜR 6–8 PORTIONEN
ZUTATEN

2–3 EL Speiseöl

50 g Mais

150 g Zartbitter-Kuvertüre

450 g Vollmilchkuvertüre

150 g Kokosfett

200 g Sahne

1 EL Sonnenblumenkerne

ZUBEREITUNG

Das Öl in einem Topf oder einer tiefen Pfanne auf mittlerer Temperatur erhitzen. Die Maiskörner zugeben und auf dem Topfboden verteilen. Den Deckel fest auf den Topf legen. Warten, bis die ersten Körner aufplatzen. Den Topf regelmäßig schütteln. Nach ca. 2 Minuten den Topf von der Herdplatte nehmen und warten, bis die letzten Körner geplatzt sind.

Eine Kastenform (ca. 24 x 10 cm) oder eine andere beliebige Form mit Backpapier auslegen.

Kuvertüren grob hacken, Kokosfett klein schneiden und in einen Topf geben. Sahne zugeben. Bei schwacher bis mittlerer Hitze langsam unter Rühren schmelzen lassen. Sonnenblumenkerne in die Form streuen, dann den Boden mit Popcorn bestreuen. So viel Schokoladencreme darauf verstreichen, dass das Popcorn bedeckt ist. Popcorn und Schokocreme abwechselnd einschichten.

Den Kalten Hund mindestens 6 Stunden, am besten über Nacht in den Kühlschrank stellen. Aus der Form nehmen und in dicke Scheiben schneiden.

Schoko
WALNUSS
Stangen

FÜR 4 PORTIONEN
ZUTATEN

2 EL Speiseöl
30 g Mais

250 g weiße Schokolade
100 g Walnusshälften

ZUM BESTÄUBEN
Zimtzucker oder Kakaopulver

ZUBEREITUNG

Ein Backblech mit Back- oder Pergamentpapier belegen.

Das Öl in einem Topf oder einer tiefen Pfanne auf mittlerer Temeratur erhitzen. Die Maiskörner zugeben und auf dem Topfboden verteilen. Den Deckel fest auf den Topf legen. Warten, bis die ersten Körner aufplatzen. Den Topf regelmäßig schütteln. Nach ca. 2 Minuten den Topf von der Herdplatte nehmen und warten, bis die letzten Körner geplatzt sind.

Die Schokolade in Stücke brechen und im heißen Wasserbad schmelzen. Nach Belieben mit einem Gewürz aromatisieren. Etwas abkühlen lassen. Gut die Hälfte der Schokolade esslöffelweise in Stangenform auf das Backblech geben. Die Stangen etwas flach drücken. Alternativ die Schokolade in einen festen Gefrierbeutel geben, gut verschließen, eine Ecke abschneiden und Stangen aufspritzen.

Sofort mit Walnusshälften und Popcorn belegen und die Stangen mit der restlichen Schokolade beträufeln. Mit Zimtzucker oder Kakao bestäuben und im Kühlschrank fest werden lassen.

ERDNUSS
Popcorn-Ecken

FÜR 4 PORTIONEN
ZUTATEN
2 EL Speiseöl
30 g Mais

150 g Zucker
100 g Erdnussbutter
50 g ungesalzene Erdnusskerne

· ·

ZUBEREITUNG
Ein Backblech mit Back- oder Pergamentpapier
belegen.

Das Öl in einem Topf oder einer tiefen Pfanne
auf mittlerer Temperatur erhitzen. Die Maiskörner
zugeben und auf dem Topfboden verteilen. Den
Deckel fest auf den Topf legen. Warten, bis die
ersten Körner aufplatzen. Den Topf regelmäßig
schütteln. Nach ca. 2 Minuten den Topf von der
Herdplatte nehmen und warten, bis die letzten
Körner geplatzt sind.

Den Zucker in eine Pfanne geben und unter
Rühren bei mittlerer Temperatur karamellisieren
lassen. Pfanne vom Herd ziehen. Karamell kurz
abkühlen lassen, dann Erdnussbutter, Erdnüsse
und Popcorn untermischen.

Häufchen auf ein Backblech setzen und leicht
verstreichen. Erdnuss-Popcorn-Ecken trocknen
lassen.

NOUGAT
POPCORN-RIEGEL

FÜR 4–6 PORTIONEN
ZUTATEN

2 EL Speiseöl
30 g Mais

100 g ganze Haselnusskerne
100 g ganze Pistazien
175 g flüssiger Honig
300 g Zucker
1 Eiweiß

ZUBEREITUNG

Ein Backblech mit Backpapier belegen. Den Backofen auf Ober-/Unterhitze 180 °C vorheizen.

Das Öl in einem Topf oder einer tiefen Pfanne auf mittlerer Temperatur erhitzen. Die Maiskörner zugeben und auf dem Topfboden verteilen. Den Deckel fest auf den Topf legen. Warten, bis die ersten Körner aufplatzen. Den Topf regelmäßig schütteln. Nach ca. 2 Minuten den Topf von der Herdplatte nehmen und warten, bis die letzten Körner geplatzt sind.

Haselnusskerne und Pistazien auf das Backblech legen und verteilen. Im vorgeheizten Backofen 10 Minuten rösten, zwischendurch einmal wenden. Das Blech aus dem Backofen nehmen.

Honig, Zucker und 2 Esslöffel Wasser in einen Topf geben und unter Rühren leicht erhitzen, bis der Zucker vollständig geschmolzen ist. Den Sirup auf 140 °C erhitzen. Das Eiweiß leicht aufschlagen. Hat der Sirup die Temperatur erreicht, diesen zum Eiweiß gießen. Dabei die ganze Zeit weiterschlagen, bis die Masse eine cremig-zähe Konsistenz hat und erkaltet ist. Nüsse und Popcorn unterziehen und gut untermengen.

Den Nougat auf ein Stück Backpapier streichen und mindestens 2–3 Stunden an einem kühlen Ort trocknen lassen. Anschließend in Stücke schneiden.

BAKLAVA
MUFFINS

FÜR 12 STÜCK

ZUTATEN

3 Pck. Filoteig
2 EL zerlassene Butter
100 g gehacktes Popcorn
100 g gehackte Pistazien
2 EL Zucker
½ TL gemahlener Zimt

FÜR DEN HONIGSIRUP

1 Tasse Wasser
1 Tasse Zucker
4 EL Honig
½ TL gemahlener Zimt

ZUBEREITUNG

Die Mulden einer Muffinform fetten. Den Backofen auf 180 °C vorheizen.

Den Filoteig ausrollen und 24 Quadrate ausrollen – so groß, dass auch die Muldenseiten bedeckt werden können. Den Teig mit einem feuchten Geschirrhandtuch abdecken, weil er sehr schnell austrocknet und die Mulden mit der ersten Schicht Teig (2 Blätter) auslegen und mit Butter bestreichen.

Popcorn, Pistazien, Zucker und Zimt mischen und jeweils etwas davon auf dem Filoteig geben. Wieder 24 Quadrate ausschneiden und auf die Nuss-Popcorn-Masse legen. Mit Butter bestreichen und die restliche Nuss-Popcorn-Masse daraufstreichen. Wieder mit jeweils 2 Teigblättern belegen und mit Butter bestreichen. Im vorgeheizten Backofen 10–15 Minuten backen.

Für den Honigsirup Wasser und Zucker unter Rühren erhitzen, bis der Zucker sich vollständig aufgelöst hat. Bei schwacher Hitze Honig und Zimt einrühren und ca. 15 Minuten sanft köcheln lassen. Den Sirup abkühlen lassen.

Die Baklava-Muffins mit Sirup beträufelt servieren.

MÜSLI
RIEGEL

FÜR CA. 8 PORTIONEN
ZUTATEN
200 g Fertigmüsli nach Wahl

100 g gehacktes Popcorn

1 EL Sesam

2 EL Zucker

4 EL flüssiger Honig

1 EL Butter

· ·

ZUBEREITUNG
Ein kleines Backblech mit Backpapier belegen.

Müsli, Popcorn und Sesam in einer Rührschüssel mischen.

Zucker, Honig und Butter in eine Pfanne geben und unter Rühren bei mittlerer Temperatur den Zucker vollständig auflösen. Mit der Müsli-Popcorn-Mischung vermengen. Gegebenenfalls etwas mehr Honig unterrühren.

Die Masse auf einem Blech verstreichen oder auf einer Silikonmatte ausrollen und trocknen lassen. Anschließend in Streifen oder Quadrate schneiden.

FRÜCHTE
RIEGEL

ZUTATEN

1 EL Speiseöl

30 g Mais

50 g kernige Haferflocken

50 g gehackte Nüsse

2 EL Sonnenblumenkerne

50 g getrocknete Früchte, z. B.
Aprikosen, Feigen oder
Datteln

1 EL Butter

1 EL Zucker

flüssiger Honig

ZUBEREITUNG

1 Backblech mit Back- oder Pergamentpapier belegen.

Das Öl in einem Topf oder einer tiefen Pfanne auf mittlerer Temperatur erhitzen. Die Maiskörner zugeben und auf dem Topfboden verteilen. Den Deckel fest auf den Topf legen. Warten, bis die ersten Körner aufplatzen. Den Topf regelmäßig schütteln. Nach ca. 2 Minuten den Topf von der Herdplatte nehmen und warten, bis die letzten Körner geplatzt sind.

Haferflocken, Nüsse und Sonnenblumenkerne in einer Pfanne ohne Fett einige Minuten rösten, dann abkühlen lassen. Die getrockneten Früchte klein hacken.

Den Backofen auf Ober-/Unterhitze 180 °C vorheizen.

Butter in einer Pfanne zerlassen und den Zucker zugeben. So lange rühren, bis dieser vollständig aufgelöst ist. 1–2 Esslöffel Honig einrühren, dann die gerösteten Kerne und Nüsse und die Trockenfrüchte unterrühren. Popcorn grob hacken und ebenfalls untermengen. So viel Honig unterrühren, dass eine streichfähige Masse entsteht. Diese ca. 1 cm dick auf dem Backblech verstreichen.

Im vorgeheizten Backofen 15 Minuten backen und sofort in Riegel schneiden. Riegel abkühlen lassen.

KOKOS
POPCORN
SCHNITTEN

ZUTATEN

200 g weiße Schokolade
1 EL Butter
100 g gehacktes Popcorn
3 EL Kokosraspel

ZUM VERZIEREN
Rosa Schmelzdrops
Popcorn

· ·

ZUBEREITUNG

Schokolade hacken und mit der Butter im heißen Wasserbad schmelzen. Ein kleines Backblech mit Backpapier auslegen.

Popcorn und Kokosraspel unter die Schoko-Butter-Masse rühren und die Masse auf dem Backblech verstreichen. Trocknen lassen.

Kokos-Popcorn in kleine Stücke schneiden. Schmelzdrops kurz im heißen Wasserbad oder in der Mikrowelle schmelzen und jeweils eines auf die Schnitten legen. Mit Popcorn verzieren.

Alternativ lassen sich die Schnitten mit einer Creme aus Mascarpone und kleinen Ananasstückchen garnieren.

CLASSIC MEETS POPCORN

POPCORN
Fudge-Lollis

FÜR 8 PORTIONEN
ZUTATEN

100 g weiße Kuvertüre
50 g Frischkäse
75 g Puderzucker
75 g gehacktes Popcorn
1 Prise Salz
rosa Schmelzdrops
Popcorn zum Verzieren

AUSSERDEM
Lollistiele

ZUBEREITUNG

Kuvertüre im heißen Wasserbad schmelzen.
Frischkäse mit Puderzucker verrühren. Die flüssige
Kuvertüre mit Popcorn und Salz unter die Frisch-
käse-Puderzucker-Masse rühren. Fudge in Förmchen drücken und im Kühlschrank fest werden
lassen, am besten über Nacht.

Fudge aus den Förmchen drücken und jeweils
einen Lollistiel hineindrücken. Schmelzdrops
kurz im heißen Wasserbad oder in der Mikrowelle
schmelzen und jeden Lolli damit überziehen.
1–2 Popcorn daraufdrücken.

Lollis dekorativ in mit Popcorn gefüllten Gläsern
anrichten und trocknen lassen.

MILCHREIS
MIT KARAMELL
POPCORN

FÜR 4 PORTIONEN

FÜR 4 PORTIONEN

ZUTATEN

FÜR DEN MILCHREIS

1 l Milch
1 Prise Salz
20 g Zucker
abgeriebene Schale
   von 1 Zitrone
175 g Milchreis
   (Rundkornreis)

1–2 EL Öl
30 g Mais

1 EL Butter
50 g Puderzucker
1 Msp. Zimtpulver

ZUBEREITUNG

Milch, Salz, Zucker und Zitronenschale in einen Topf geben und zum Kochen bringen. Den Milchreis hineingeben, umrühren, zugedeckt aufkochen und ca. 35–40 Minuten sanft ausquellen lassen.

Das Öl in einem Topf oder einer tiefen Pfanne auf mittlerer Temperatur erhitzen. Die Maiskörner zugeben und auf dem Topfboden verteilen. Den Deckel fest auf den Topf legen. Warten, bis die ersten Körner aufplatzen. Den Topf regelmäßig schütteln. Nach ca. 2 Minuten den Topf von der Herdplatte nehmen und warten, bis die letzten Körner geplatzt sind.

Butter in einer Pfanne zerlassen, Puderzucker zugeben und unter Rühren karamellisieren lassen. Zimt unterrühren. Popcorn zugeben und gut vermengen.

Zum Servieren Milchreis in Portionsschalen füllen und mit reichlich karamellisiertem Popcorn belegen. Nach Belieben zusätzlich frisches Obst dazureichen.

CRANBERRY
Popcorn-Cupcakes

FÜR 12 STÜCK

ZUTATEN

FÜR DEN TEIG

200 g TK-Cranberrys

200 g Weizenmehl

50 g Speisestärke

3 TL Backpulver

2 Eier

170 g Zucker

1 Prise Salz

1 Pck. Vanillezucker

150 g zerlassene Butter

200 g saure Sahne

30 g Schokotropfen

FÜR DAS FROSTING

75 g Himbeeren

125 g weiche Butter

175 g Puderzucker

ZUM GARNIEREN

100 g Popcorn

Karamellsauce

　(siehe Rezept S. 20)

geschmolzene dunkle Kuvertüre

　oder Schokolade

ZUBEREITUNG

Den Backofen auf Ober-/Unterhitze 180 °C vorheizen. Ein Muffinblech einfetten und nach Belieben Papierförmchen in die Vertiefungen setzen. Cranberrys auftauen lassen.

Mehl, Speisestärke und Backpulver in einer Schüssel mischen. Die Eier in eine zweite Schüssel geben und leicht aufschlagen. Zucker, Salz, Vanillezucker und Butter dazugeben und gut verrühren. Die saure Sahne dazugeben. Die Mehlmischung nach und nach unterarbeiten. Zuletzt Cranberrys und Schokotropfen unterheben. Den Teig in die Form füllen und im vorgeheizten Backofen auf mittlerer Schiene ca. 20 Minuten backen. Aus dem Ofen nehmen und abkühlen lassen.

Für das Frosting Himbeeren pürieren. Butter in eine zweite Schüssel geben und cremig rühren, Puderzucker nach und nach unterrühren. Himbeerpüree durch ein Sieb passieren, dann unter die Buttercreme rühren. Buttercreme in einen Spritzbeutel mit Sterntülle geben und die Cupcakes damit verzieren. Kalt stellen.

Vor dem Servieren die Cupcakes mit Popcorn belegen, mit Karamell beträufeln und mit geschmolzener Schokolade besprenkeln.

STATT BUTTERCREME MASCARPONE MIT HIMBEERPÜREE UND ETWAS ZUCKER VERRÜHREN UND AUF DIE CUPCAKES GEBEN.

VANILLEEIS
MIT KARAMELL
POPCORN

ZUTATEN

FÜR DAS EIS
2 Eigelb
250 g Sahne
50 g Zucker
1 TL Zitronensaft
1 Pck. Vanillezucker
1 Msp. Zimtpulver

1–2 EL Öl
30 g Mais

1–2 EL Butter
75 g Puderzucker
1 Msp. Zimtpulver

ZUBEREITUNG

Eigelb mit 2 Esslöffeln von der Sahne, Zucker, Zitronensaft, Vanillezucker und Zimt in einer Metallschüssel im Wasserbad zu einer dicklichen Masse aufschlagen. Schüssel aus dem Wasserbad nehmen und kalt weiterschlagen. Restliche Sahne steif schlagen und unterheben. Die Masse in eine flache Form füllen und in das Gefrierfach stellen. Gefrieren lassen.

Das Öl in einem Topf oder einer tiefen Pfanne auf mittlerer Temperatur erhitzen. Die Maiskörner zugeben und auf dem Topfboden verteilen. Den Deckel fest auf den Topf legen. Warten, bis die ersten Körner aufplatzen. Den Topf regelmäßig schütteln. Nach ca. 2 Minuten den Topf von der Herdplatte nehmen und warten, bis die letzten Körner geplatzt sind.

Butter in einer Pfanne zerlassen, Puderzucker zugeben und unter Rühren karamellisieren lassen. Zimt unterrühren. Popcorn zugeben und gut vermengen.

Zum Servieren jeweils Eiskugeln in Dessertgläser füllen, mit Popcorn und restlicher Karamellsauce garnieren. Nach Belieben zusätzlich noch einen Klecks frisch geschlagene Sahne daraufgeben.

POPCORN TRIFLE

MIT ZITRONENCREME

FÜR 4 PORTIONEN

ZUTATEN

FÜR DIE ZITRONENCREME

1 TL gemahlene Gelatine

2 Eigelb

75 g Zucker

abgeriebene Schale
   von ½ Zitrone

5 EL Zitronensaft

2 Eiweiß

125 g Sahne

50–100 g Popcorn

Fruchtkonfitüre oder
   Fruchtkompott

ZUBEREITUNG

Für die Zitronencreme Gelatine mit 3 Esslöffeln kaltem Wasser anrühren und 10 Minuten quellen lassen. Eigelb mit 2 Esslöffel heißem Wasser schaumig schlagen, nach und nach den Zucker unterschlagen. So lange rühren, bis die Masse eine cremeartige Konsistenz hat. Zitronenschale und Zitronensaft unterrühren. Die Gelatine unter Rühren erwärmen. Mit etwas Eigelbmasse verrühren, dann das Ganze unter die übrige Eigelbmasse schlagen. Kurz kalt stellen. Eiweiß und Sahne getrennt steif schlagen. Beginnt die Eigelbmasse zu gelieren, Sahne und Eiweiß unterheben.

Zum Servieren Creme, Konfitüre oder Kompott und Popcorn in Dessertgläser schichten.

ZWETSCHGEN-RÖSTER
MIT ZIMTZUCKER-POPCORN

FÜR 4 PORTIONEN
ZUTATEN

1 kg Zwetschgen

200 g Zucker

1 Stange Zimt

Saft und abgeriebene Schale
   von 1 Zitrone

1 EL Speisestärke oder
   Puddingpulver

1 EL Öl

25 g Mais

Zimtzucker

• •

ZUBEREITUNG

Zwetschgen waschen, halbieren, entkernen und gegebenenfalls etwas kleiner schneiden. Mit Zucker, Zimtstange und Zitronensaft und -schale in einen Topf geben. Die Zutaten gut vermengen und aufkochen lassen. Bei schwacher Hitze nach Geschmack einköcheln lassen (ca. 20–30 Minuten). Zimtstange entfernen. Speisestärke oder Puddingpulver mit etwas kaltem Wasser anrühren und die Sauce damit andicken.

Das Öl in einem Topf oder einer tiefen Pfanne auf mittlerer Temperatur erhitzen. Die Maiskörner zugeben und auf dem Topfboden verteilen. Den Deckel fest auf den Topf legen. Warten, bis die ersten Körner aufplatzen. Den Topf regelmäßig schütteln. Nach ca. 2 Minuten den Topf von der Herdplatte nehmen und warten, bis die letzten Körner geplatzt sind. Popcorn mit Zimtzucker bestreuen.

Zwetschgenröster in Dessertschalen anrichten und mit dem Popcorn bestreut servieren.

FRÜHSTÜCKS-MÜSLI

ZUBEREITUNG

Das Öl in einem Topf oder einer tiefen Pfanne auf mittlerer Temperatur erhitzen. Die Maiskörner zugeben und auf dem Topfboden verteilen. Den Deckel fest auf den Topf legen. Warten, bis die ersten Körner aufplatzen. Den Topf regelmäßig schütteln. Nach ca. 2 Minuten den Topf von der Herdplatte nehmen und warten, bis die letzten Körner geplatzt sind. Popcorn abkühlen lassen.

Popcorn mit Haferflocken, Weizenkleie, Rosinen, Cranberrys und Nüssen mischen und in Müsli-schüsseln füllen. Mit Milch servieren.

FÜR 4 PORTIONEN
ZUTATEN

2–3 EL Öl

50 g Mais

100 g kernige Haferflocken

50 g Weizenkleie

2 EL Rosinen

50 g getrocknete Cranberrys

50 g grob gehackte Haselnusskerne

50 g grob gehackte Walnüsse

HOT & SPICY

Cajun POPCORN

FÜR 4 PORTIONEN

ZUTATEN

2–3 EL Öl

50 g Mais

1 Msp. Knoblauchpulver

1 Msp. Cayennepfeffer

1 Msp. Rosenpaprika

1 Msp. Kreuzkümel (Cumin)

1 gute Prise Salz

1 TL Thymian

1 TL Butter

ZUBEREITUNG

Das Öl in einem Topf oder einer tiefen Pfanne auf mittlerer Temperatur erhitzen. Die Maiskörner zugeben und auf dem Topfboden verteilen. Den Deckel fest auf den Topf legen. Warten, bis die ersten Körner aufplatzen. Den Topf regelmäßig schütteln. Nach ca. 2 Minuten den Topf von der Herdplatte nehmen und warten, bis die letzten Körner geplatzt sind.

Knoblauchpulver, Cayennepfeffer, Paprika, Kreuzkümmel, Salz und Thymian in einer kleinen Schüssel mischen. Butter in einem Topf zerlassen und Gewürzmischung und Popcorn unterrühren, bis alles mit der Butter-Gewürz-Mischung überzogen ist.

Popcorn in Portionsschälchen füllen und servieren.

NACH BELIEBEN ZUSÄTZLICH ETWAS ZWIEBEL-PULVER UND/ODER GEREBELTEN THYMIAN MIT UNTERMISCHEN.

Hot Chili
POPCORN

FÜR 4 PORTIONEN

ZUTATEN

2–3 EL Öl

50 g Mais

1 rote Chilischote

1 Schalotte

1 Knoblauchzehe

½ TL gemahlener Koriander

Salz

Öl

· ·

ZUBEREITUNG

Das Öl in einem Topf oder einer tiefen Pfanne
auf mittlerer Temperatur erhitzen. Die Maiskörner
zugeben und auf dem Topfboden verteilen. Den
Deckel fest auf den Topf legen. Warten, bis die
ersten Körner aufplatzen. Den Topf regelmäßig
schütteln. Nach ca. 2 Minuten den Topf von der
Herdplatte nehmen und warten, bis die letzten
Körner geplatzt sind.

Die Chilischote entstielen und klein hacken.
Schalotte und Knoblauch abziehen und sehr fein
würfeln. Chili, Schalotte, Knoblauch, Koriander
mit etwas Salz und Öl in einem Mörser zu einer
feinen Paste verarbeiten. In eine Pfanne geben
und unter Rühren 1–2 Minuten braten. Das Popcorn untermischen.

Popcorn in Portionsschälchen füllen, mit frischer
roter Chili garnieren und servieren.

TERIYAKI
POPCORN

FÜR 4 PORTIONEN

ZUTATEN

2–3 EL Öl

50 g Mais

1 EL Teriyakisauce

1 TL Wasabipaste

1 EL Zucker

· ·

ZUBEREITUNG

Das Öl in einem Topf oder einer tiefen Pfanne auf mittlerer Temperatur erhitzen. Die Maiskörner zugeben und auf dem Topfboden verteilen. Den Deckel fest auf den Topf legen. Warten, bis die ersten Körner aufplatzen. Den Topf regelmäßig schütteln. Nach ca. 2 Minuten den Topf von der Herdplatte nehmen und warten, bis die letzten Körner geplatzt sind.

Teriyakisauce, Wasabi und Zucker in einen kleinen Topf geben und zu einem Sirup einköcheln. Den Sirup mit dem Popcorn mischen.

Popcorn auf ein mit Backpapier belegtes Backblech legen und im vorgeheizten Backofen bei 160 °C trocknen lassen. Noch warm servieren.

POPCORN
AL PARMIGIANO

FÜR 4 PORTIONEN
ZUTATEN

2–3 EL Öl

50 g Mais

1 EL Butter

3 EL frisch geriebener
  Parmesan (oder Pecorino)

ZUBEREITUNG

Das Öl in einem Topf oder einer tiefen Pfanne auf mittlerer Temperatur erhitzen. Die Maiskörner zugeben und auf dem Topfboden verteilen. Den Deckel fest auf den Topf legen. Warten, bis die ersten Körner aufplatzen. Den Topf regelmäßig schütteln. Nach ca. 2 Minuten den Topf von der Herdplatte nehmen und warten, bis die letzten Körner geplatzt sind.

Butter bei mittlerer Hitze in einer Pfanne zerlassen und den Parmesan-Käse einrühren. Das Ganze einige Minuten köcheln lassen, dann gut mit dem Popcorn vermengen. Sofort servieren.

BALSAMICO
POPCORN

FÜR 4 PORTIONEN
ZUTATEN
2–3 EL Öl

50 g Mais

4 EL Balsamicosirup

2 EL sehr fein
    geschnittenes Basilikum

ZUBEREITUNG

Das Öl in einem Topf oder einer tiefen Pfanne auf mittlerer Temperatur erhitzen. Die Maiskörner zugeben und auf dem Topfboden verteilen. Den Deckel fest auf den Topf legen. Warten, bis die ersten Körner aufplatzen. Den Topf regelmäßig schütteln. Nach ca. 2 Minuten den Topf von der Herdplatte nehmen und warten, bis die letzten Körner geplatzt sind.

Balsamicosirup mit Basilikum in einen kleinen Topf geben und zum Kochen bringen. Kurz einköcheln lassen. Das Ganze gut mit dem Popcorn mischen. Popcorn auf ein mit Backpapier belegtes Backblech legen und im vorgeheizten Backofen bei 160 °C trocknen lassen. Noch warm servieren.

THAI CURRY
POPCORN

FÜR 4 PORTIONEN
ZUTATEN
2–3 EL Öl

60 g Mais

1 EL Butter
1 TL Thai-Currypaste

· ·

ZUBEREITUNG

Das Öl in einem Topf oder einer tiefen Pfanne auf mittlerer Temperatur erhitzen. Die Maiskörner zugeben und auf dem Topfboden verteilen. Den Deckel fest auf den Topf legen. Warten, bis die ersten Körner aufplatzen. Den Topf regelmäßig schütteln. Nach ca. 2 Minuten den Topf von der Herdplatte nehmen und warten, bis die letzten Körner geplatzt sind.

Butter in einer Pfanne zerlassen und die Currypaste einrühren. Popcorn zugeben und mit der Currybutter vermengen. In Portionsschalen anrichten.

BIBER
SALCASI
POPCORN

FÜR 4 PORTIONEN
ZUTATEN
2–3 EL Öl
50 g Mais

2 EL Olivenöl
scharfes Biber Salcasi
  nach Geschmack
Salz

ZUBEREITUNG

Das Öl in einem Topf oder einer tiefen Pfanne auf mittlerer Temperatur erhitzen. Die Maiskörner zugeben und auf dem Topfboden verteilen. Den Deckel fest auf den Topf legen. Warten, bis die ersten Körner aufplatzen. Den Topf regelmäßig schütteln. Nach ca. 2 Minuten den Topf von der Herdplatte nehmen und warten, bis die letzten Körner geplatzt sind.

Öl in einem kleinen Topf erhitzen und nach Geschmack Biber Salcasi (Paprikamark) und etwas Salz unterrühren und kurz erhitzen. Das Paprikaöl mit dem Popcorn mischen, etwas abkühlen lassen und sofort servieren.

KNOBLAUCH BASILIKUM
POPCORN

FÜR 4 PORTIONEN

ZUTATEN

2–3 EL Öl

50 g Mais

2 EL Olivenöl

1 zerdrückte Knoblauchzehe

2 EL sehr fein geschnittenes
   Basilikum

· ·

ZUBEREITUNG

Das Öl in einem Topf oder einer tiefen Pfanne
auf mittlerer Temperatur erhitzen. Die Maiskörner
zugeben und auf dem Topfboden verteilen. Den
Deckel fest auf den Topf legen. Warten, bis die
ersten Körner aufplatzen. Den Topf regelmäßig
schütteln. Nach ca. 2 Minuten den Topf von der
Herdplatte nehmen und warten, bis die letzten
Körner geplatzt sind.

Öl mit dem Knoblauch in einen kleinen Topf
geben und kurz erhitzen. Die Knoblauchzehe darf
nicht braun werden. Basilikum einrühren. Das Ba-
silikum-Knoblauch-Öl mit dem Popcorn mischen,
etwas abkühlen lassen und sofort servieren.

FAST FOOD MAL ANDERS

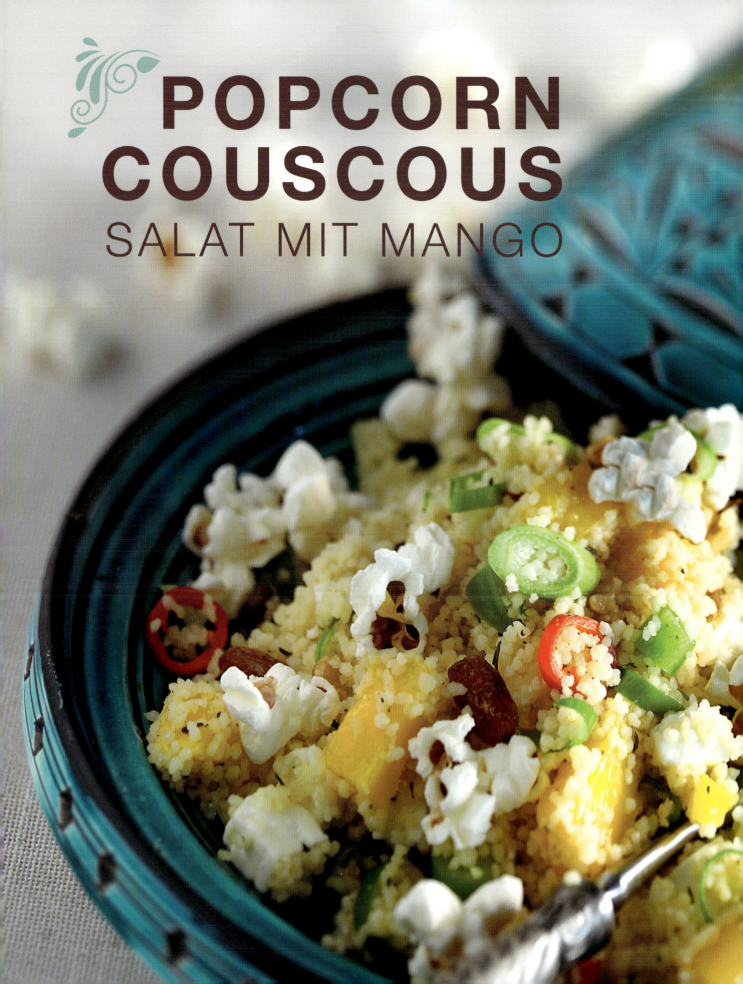

POPCORN COUSCOUS
SALAT MIT MANGO

FÜR 4 PORTIONEN
ZUTATEN
1 knapper EL Öl
25 g Mais

150 g Instant-Couscous
2 EL Rosinen
150 g Porree
250 g Mangofruchtfleisch
1 rote Paprika

FÜR DAS DRESSING
3 EL Öl
1 ½ EL Limettensaft
Salz, Pfeffer, Curry

••

ZUBEREITUNG

Das Öl in einem Topf oder einer tiefen Pfanne auf mittlerer Temperatur erhitzen. Die Maiskörner zugeben und auf dem Topfboden verteilen. Den Deckel fest auf den Topf legen. Warten, bis die ersten Körner aufplatzen. Den Topf regelmäßig schütteln. Nach ca. 2 Minuten den Topf von der Herdplatte nehmen und warten, bis die letzten Körner geplatzt sind. Popcorn abkühlen lassen.

Couscous in eine hitzebeständige Schüssel geben und mit kochendem Wasser übergießen. Quellen lassen, nach dem Erkalten mit einer Gabel auflockern. Rosinen mit heißem Wasser übergießen und 10 Minuten einweichen.

Porree putzen, in Ringe schneiden und mit dem Couscous in eine Schüssel geben. Mangofruchtfleisch würfeln und hinzufügen. Paprika entkernen, die Trennwände entfernen, dann waschen und in feine Streifen schneiden. Rosinen abgießen und ebenfalls in die Salatschüssel geben.

Für das Dressing Öl und Limettensaft verrühren, würzen, dann über den Salat geben und mit Popcorn vermengen.

GAZPACHO
mit Popcorn-Croûtons

FÜR 4 PORTIONEN

ZUTATEN

FÜR DIE GAZPACHO

200 g altbackene
   Weißbrotscheiben
2 gelbe Paprikaschoten
1 ¼ kg reife aromatische
   Tomaten
1 Zwiebel
2–3 Knoblauchzehen
125 ml Olivenöl
125 ml Rotwein
250 ml Hühner- oder
   Gemüsebrühe
Salz
Pfeffer

FÜR DIE CROÛTONS

1 EL Speiseöl
20 g Mais

ZUM GARNIEREN

Schnittlauchhalme

ZUBEREITUNG

Für die Gazpacho die Brotscheiben in kaltem Wasser einweichen. Paprikaschoten halbieren, entkernen, Trennwände entfernen, waschen und würfeln. Tomaten waschen, kreuzweise einschneiden, kurz in kochendes Wasser legen, herausnehmen und mit kaltem Wasser abschrecken. Tomaten häuten, halbieren, entkernen, entstielen und in Stücke schneiden. Zwiebel und Knoblauch abziehen und die Zwiebel grob zerkleinern, Knoblauch durch die Presse drücken.

Weißbrot gut ausdrücken. In eine große Schüssel geben. Paprika, Tomaten, Zwiebel, Knoblauch, Olivenöl, Rotwein und Hühnerbrühe hinzufügen. Mit dem Stabmixer pürieren und mit Salz und Pfeffer abschmecken. Gazpacho abgedeckt über Nacht in den Kühlschrank stellen.

Für die Croûtons das Öl in einem Topf oder einer tiefen Pfanne auf mittlerer Temperatur erhitzen. Die Maiskörner zugeben und auf dem Topfboden verteilen. Den Deckel fest auf den Topf legen. Warten, bis die ersten Körner aufplatzen. Den Topf regelmäßig schütteln, von der Herdplatte nehmen und warten, bis die letzten Körner geplatzt sind.

Zum Servieren die kalte Suppe in Gläser gießen und mit Popcorn bestreuen. Mit einem Schnittlauchhalm garnieren und sofort servieren.

KÄSE
Popcorn-NACHOS

FÜR 4–6 PORTIONEN

ZUTATEN

2–3 EL Öl

50 g Mais

100 g Nachos

½ TL Tex-Mex-Gewürzmischung

1–2 EL geriebener Cheddar-Käse

· ·

ZUBEREITUNG

Das Öl in einem Topf oder einer tiefen Pfanne auf mittlerer Temperatur erhitzen. Die Maiskörner zugeben und auf dem Topfboden verteilen. Den Deckel fest auf den Topf legen. Warten, bis die ersten Körner aufplatzen. Den Topf regelmäßig schütteln. Nach ca. 2 Minuten den Topf von der Herdplatte nehmen und warten, bis die letzten Körner geplatzt sind.

Popcorn und Nachos in eine Schüssel geben und mit dem Gewürz mischen. Das Ganze auf ein mit Backpapier belegtes Backblech legen und verteilen. Mit dem Käse bestreuen und im vorgeheizten Backofen bei Ober-/Unterhitze 180 °C überbacken. Etwas abkühlen lassen und servieren.

AVOCADO
POPCORN-SALAT

FÜR 4 PORTIONEN
ZUTATEN
2 reife Avocados

150 g Feldsalat

150 g Friséesalat

4–5 Strauchtomaten

1 rotschaliger Apfel

FÜR DIE SAUCE

½ EL Zitronensaft

1 TL Essig

1 Prise Zucker

5 EL Raps- oder Olivenöl

Salz

Pfeffer

100 g Popcorn

. . . .

ZUBEREITUNG

Avocados halbieren und die Steine herauslösen.
Avocados schälen und das Fruchtfleisch in Spalten
schneiden. In eine Servierschüssel geben. Beide
Salatsorten putzen, waschen, trocken schütteln
und den Friséesalat klein zupfen. Strauchtomaten
waschen, entstielen und in Achtel schneiden.
Salat und Tomaten in die Schüssel geben. Apfel
gründlich waschen, halbieren, entkernen und
in schmale Stifte schneiden. Mit in die Schüssel
geben.

Für die Sauce alle Zutaten miteinander verrühren.

Kurz vor dem Servieren Popcorn und Salatsauce
zugeben und alles gut miteinander vermengen.

BLAUSCHIMMEL
POPCORN-BÄLLCHEN

FÜR 4 PORTIONEN
ZUTATEN

200 g weicher
  Blauschimmelkäse
ungesüßtes Popcorn

AUSSERDEM
Zahnstocher

ZUBEREITUNG

Den Käse klein schneiden und in
eine Schüssel geben. Mit einer
Gabel zerdrücken. Jeweils 2 bis
3 Popcorn mit etwas Käse zu
einer Kugel formen. Mit einem
Zahnstocher als
Fingerfood anrichten.

ROASTBEEF
POPCORN-RÖLLCHEN

FÜR 8 STÜCK
ZUTATEN
1 EL Öl
30 g Mais
1 Prise Salz

8 Scheiben Roastbeef
½ rote Paprika
1 Bund Frühlingszwiebeln

ZUM BETRÄUFELN
Balsamicosirup

AUSSERDEM
Zahnstocher

ZUBEREITUNG
Das Öl in einem Topf oder einer tiefen Pfanne auf mittlerer Temperatur erhitzen. Die Maiskörner zugeben und auf dem Topfboden verteilen. Den Deckel fest auf den Topf legen. Warten, bis die ersten Körner aufplatzen. Den Topf regelmäßig schütteln. Nach ca. 2 Minuten den Topf von der Herdplatte nehmen und warten, bis die letzten Körner geplatzt sind. Popcorn mit Salz würzen.

Roastbeefscheiben auf einem Arbeitsbrett ausbreiten. Paprika und Frühlingszwiebelgrün waschen und trocken tupfen. Paprika in feine Streifen schneiden, Frühlingszwiebeln in Stücke schneiden.

Jede Roastbeefscheibe mit Paprika und Frühlingszwiebel belegen und aufrollen. Mit einem Zahnstocher feststecken.

Roastbeef-Röllchen mit Popcorn garniert und mit Balsamico beträufelt anrichten.

Salzige
POPCORN-SNACKS

FÜR 4–6 PORTIONEN

ZUTATEN

150 g gehacktes Popcorn

150 g gehackte Nüsse
(Mischung aus Pistazien,
Walnüssen, Macadamia,
Mandeln usw.)

4 Eiweiß

Salz

1 EL Speisestärke

ZUBEREITUNG

Popcorn und Nüsse in eine Schüssel geben und gut mischen.
Den Backofen auf 120 °C Ober-/Unterhitze vorheizen.

Das Eiweiß mit etwas Salz steif schlagen und Speisestärke unterrühren. Zu den Popcorn-Nüssen geben und alles gut vermengen.

Ein Backblech mit Backpapier belegen. Mit 2 Teelöffeln kleine
Häufchen auf das Blech setzen und etwas flach drücken. Im vorgeheizten Backofen ca. 30–40 Minuten trocknen lassen.

NACH BELIEBEN DIE HÄPPCHEN VOR DEM
TROCKNEN AUF OBLATEN SETZEN.

KLEINE GERICHTE

Paprika
MUFFINS

ZUTATEN

FÜR DIE MUFFINS

je 75 g rote und grüne Paprika

250 g Weizenmehl

2 ½ TL Backpulver

½ TL Salz

½ TL Paprikapulver

100 g geriebener Käse

1 Ei

60 ml Speiseöl

150 g Naturjoghurt

100 ml Milch

FÜR DIE CREME

200 g Frischkäse

Ajvar (aus dem Glas)

   nach Geschmack

FÜR DAS POPCORN

1–2 EL Speiseöl

50 g Mais

ZUM BESTÄUBEN

Paprikapulver

ZUBEREITUNG

Den Backofen auf Ober-/Unterhitze 200 °C vorheizen. Die Vertiefungen der Muffinform fetten oder Papierförmchen hineinsetzen.

Paprika waschen, entstielen, entkernen und sehr fein hacken oder raspeln. Mehl und Backpulver in eine Schüssel sieben. Salz, Paprikapulver, Käse und Paprikawürfel hinzugeben und untermengen.

In einer zweiten Schüssel Ei, Öl, Joghurt und Milch verrühren. Die Mehl-Gemüse-Mischung nach und nach zur Ei-Milch-Masse geben und vorsichtig untermischen. Den Teig in die Förmchen füllen. Im vorgeheizten Backofen in 20–25 Minuten goldbraun backen. Aus dem Ofen nehmen und auf einem Kuchengitter abkühlen lassen.

Für die Creme Frischkäse in eine Schüssel geben und aufschlagen. Ajvar nach Geschmack unterrühren. Die Masse in einen Spritzbeutel mit Lochtülle geben und jeweils etwas auf die Muffins spritzen.

Für das Popcorn das Öl in einem Topf oder einer tiefen Pfanne auf mittlerer Temperatur erhitzen. Die Maiskörner zugeben und auf dem Topfboden verteilen. Den Deckel fest auf den Topf legen. Warten, bis die ersten Körner aufplatzen. Den Topf regelmäßig schütteln. Nach ca. 2 Minuten den Topf von der Herdplatte nehmen und warten, bis die letzten Körner geplatzt sind.

Die Muffins jeweils mit Popcorn belegen und diese mit Paprika bestäuben.

KÄSESUPPE
MIT SCHINKEN-POPCORN

ZUTATEN

400 g Lauch

100 g Kartoffeln

1 EL Butter

ca. 600 ml Gemüsebrühe

Salz

Pfeffer

250 g roher Schinken

Öl

75 g geriebener Gouda oder Emmentaler

100 g Sahne

100 g Schmelzkäse

50 g Popcorn zum Garnieren

....

ZUBEREITUNG

Lauch putzen, waschen und in feine Ringe schneiden. Einige Ringe für die Garnitur beiseitelegen. Kartoffeln schälen, waschen und würfeln. Butter in einem großen Topf erhitzen und Porree und Kartoffeln darin unter Rühren andünsten. Mit der Brühe ablöschen und mit Salz und Pfeffer würzen. Zugedeckt 10 Minuten köcheln und anschließend pürieren.

Schinken fein würfeln und in etwas Öl goldbraun braten.

Geriebenen Käse, Sahne und Schmelzkäse in Würfeln zur Suppe geben und darin unter gelegentlichem Umrühren schmelzen lassen. Die Suppe nochmals abschmecken. Schinken aus der Pfanne nehmen und das Popcorn im Schinkenfett schwenken.

Die Suppe mit Porreeringen, Schinkenstücken und Popcorn bestreut servieren.

POPCORN

NUGGETS

ZUBEREITUNG

Hähnchen abspülen und trocken tupfen. Eventuell noch
kleiner schneiden.

Für die Panade Popcorn in einen Gefrierbeutel geben,
diesen fest verschließen. Mit einem Nudelholz darüber-
rollen. Popcorn in eine Schüssel geben. Weizenmehl
mit Salz, Pfeffer und Curry würzen und in einen tiefen
Teller schütten. Das verquirlte Ei in einen dritten Teller
geben.

Die Fleischstücke erst in Mehl wälzen, dann durch das
Ei ziehen und zum Schluss in die Popcornbrösel legen.
Diese fest andrücken.

Das Öl in einer tiefen Pfanne erhitzen und die Nuggets
ca. 2 Minuten darin frittieren. Auf Küchenpapier abtrop-
ten lassen.

FÜR 4 PORTIONEN
ZUTATEN
400 g Hähnchen-
 Minifilets

FÜR DIE PANADE
100 g Popcorn
2–3 EL Weizenmehl
Salz
Pfeffer
Currypulver
1 verquirltes Ei

Öl zum Frittieren

GARNELEN
POPCORN-SALAT

FÜR 4 PORTIONEN
ZUTATEN

300 g TK-King Prawns
    ohne Schale
Öl zum Braten
300 g Bucatini
Salz
1 rote Zwiebel
1 rote Paprika
1 Bund Frühlingszwiebeln
50 g Popcorn

FÜR DIE SAUCE
5 EL Öl, z. B. Walnussöl
2 EL Limettensaft
Salz
Pfeffer
1 Prise Zucker
je 1 Prise Ingwerpulver, Chili
    und Kreuzkümmel

ZUBEREITUNG

Garnelen auftauen und den Darm entfernen. Garnelen abspülen und trocken tupfen. Öl in einer Pfanne erhitzen und die Garnelen von jeder Seite 2 Minuten braten. Garnelen abkühlen lassen.

Bucatini in Salzwasser nach Packungsanleitung al dente garen, abgießen, kalt abschrecken und abtropfen lassen.

Zwiebel schälen und in Ringe schneiden. Paprika entstielen, halbieren, entkernen, waschen, trocken tupfen und in Streifen schneiden. Frühlingszwiebeln putzen und waschen und das Grün in kleine Stücke schneiden. Garnelen, Bucatini, Zwiebel, Paprika und Frühlingszwiebel in einer Salatschüssel mischen.

Für die Sauce die Zutaten verrühren und abschmecken. Die Sauce mit den Zutaten vermengen. Kurz vor dem Servieren Popcorn untermengen.

HOKKAIDO-SUPPE
mit Kürbis-Popcorn

FÜR 4 PORTIONEN

ZUTATEN

1 Hokkaido-Kürbis

1 große Zwiebel

50 g frische Ingwerwurzel

1 EL Sesamöl

1 Kartoffel

2–3 Äpfel

500 ml Gemüsebrühe

300 ml Kokosmilch

100 g Sahne

1–2 EL Crème fraîche

Salz, Muskat

50 g Popcorn

Kürbiskernöl

• •

ZUBEREITUNG

Hokkaido waschen und vierteln. Kerne und innere Fasern entfernen und den Kürbis mit Schale in Stücke schneiden. 400 g Fruchtfleisch abwiegen (den Rest anderweitig verwenden). Zwiebel und Ingwer schälen und jeweils fein hacken.

Sesamöl in einem großen Topf erhitzen, Zwiebel und Ingwer darin anschwitzen. Kartoffel und Äpfel schälen. Äpfel entkernen, beides in Würfel schneiden. Kürbis, Kartoffel und Äpfel in den Topf geben und unter gelegentlichem Rühren einige Minuten mit andünsten. Mit Gemüsebrühe und Kokosmilch ablöschen, aufkochen und 30 Minuten sanft köcheln lassen. Die Suppe pürieren.

Sahne und Crème fraîche unterrühren und mit Salz und Muskat abschmecken.

Popcorn in etwas Kürbiskernöl anbraten. Die Suppe mit Popcorn garniert servieren.

★ ★

Rosinen-Popcorn
BROT

FÜR 1 BROT

ZUTATEN

1 EL Butter

3 EL Zucker

100 g frisches Popcorn

FÜR DEN TEIG

750 g Weizenmehl

1 TL Salz

50 g Zucker

1 Pck. Trockenhefe

250 ml lauwarme Milch

3 Eier

100 g warme Butter

100 g Rosinen

ZUBEREITUNG

Butter in einer Pfanne zerlassen, den Zucker darin unter Rühren schmelzen und karamellisieren lassen. Popcorn hinzufügen und gut mit dem Karamell vermengen. Abkühlen lassen.

Für den Teig das Mehl in eine große Rührschüssel sieben und mit dem Salz mischen. In die Mitte eine Mulde drücken, Zucker und Hefe hineingeben. Die Hälfte der lauwarmen Milch darüber-gießen und mit etwas Mehl zu einem Teig verrühren. Diesen abgedeckt an einem warmen Ort etwa 15 Minuten gehen lassen.

Dann die restliche lauwarme Milch, Eier und Butter zugeben, alles gut vermischen und 15 Minuten lang zu einem glatten, geschmeidigen Teig kneten. Den Teigkloß wieder in die Schüssel legen und abgedeckt 30 Minuten gehen lassen. Eine Kastenform fetten und den Backofen auf Ober-/Unterhitze 200 °C vorheizen.

Rosinen und 50 g vom vorbereiteten Popcorn unterkneten. Den Teig in die Kastenform legen und zugedeckt weitere 30 Minuten gehen lassen. In den vorgeheizten Backofen eine Schale mit hei-ßem Wasser stellen und die Kastenform hineinschieben. Bei 200 °C etwa 45 Minuten backen. Das fertige Rosinenbrot noch etwa 5 Minuten in der Form auskühlen lassen, erst dann auf einen Gitterrost legen.

RÄUCHERLACHS
MUFFINS MIT POPCORN

FÜR 6 STÜCK
ZUTATEN

1 Rolle Blätterteig (Kühlregal)
1 kleines Bund
  Frühlingszwiebeln
Wasabi-Paste
6 Scheiben Räucherlachs
50 g Popcorn

ZUBEREITUNG

Den Backofen auf 180 °C vorheizen.

1 Muffinform (6 Mulden) mit Butter bestreichen. Blätterteig ausrollen und so große Quadrate ausschneiden, dass die Mulden
der Form vollständig ausgekleidet sind und noch etwas über-
hängen.

Frühlingszwiebeln putzen und waschen. Das Frühlingszwiebelgrün klein schneiden. Den Blätterteig jeweils mit etwas Wasabi-
Paste bestreichen, Frühlingszwiebelgrün daraufstreuen. Mit
jeweils einer Scheibe Lachs belegen. Den Teig am Rand über-
klappen.

Die Quiches im vorgeheizten Ofen in ca. 10 Minuten goldbraun
backen. Aus dem Ofen nehmen und mit Popcorn bestreut sofort
servieren.

Rezept-
VERZEICHNIS